Elke Bähler, Dipl. Tierheilpraktikerin,
Ernährungsberaterin für artgerechte Tierernährung

Artgerechte Tierernährung

Ratgeber für verantwortungsvolle

Hunde- und Katzenhalter

Impressum:

Elke Bähler

Kappelenring 1 B

CH-3032 Hinterkappelen

menschundtier@gmx.net

www.praxis-menschundtier.com

++41 (0)31 901 02 14

++41 (0)79 771 95 03

Lektorin: Annagreth Jordi

Herstellung und Verlag:
BoD-Books on Demand, Norderstedt
ISBN: 978-3-8482-2222-3

August 2012, 1. Auflage

Dieses Buch widme ich meiner wunderbaren Gordon Setter Hündin Amazing Akira. Mit Geduld und Klarheit begleitet sie mich durch Höhen und Tiefen des Lebens. Es ist ein Glück, sie an meiner Seite zu haben.

Die Autorin:

Das bin ich, Elke Bähler, Schweizerin, geboren 1956 in Deutschland, lebe seit 33 Jahren in der Schweiz und empfinde es als Privileg, in diesem wunderschönen Land zu sein. Nach meiner Ausbildung zur Dipl. Tierheilpraktikerin konzentrierte ich mich auf das Behandeln von Wirbelsäulen bei Pferden und Hunden. Weil ich merkte, dass die Probleme der Tiere oft etwas mit ihren Menschen zu tun haben, wollte ich diese ebenfalls behandeln. So liess ich mich zur Hypnosetherapeutin und Geistigen Heilerin ausbilden. Es ist mein Anliegen, Menschen und Tiere dabei zu unterstützen, mit mehr Lebensqualität zu leben.

Als meine Gordon Setter Hündin Akira mit knapp 4-jährig krank wurde und auch naturheilkundliche Behandlungen nur kurze Zeit halfen, wurde mir eine Umstellung auf artgerechtes Futter empfohlen. Nach einer bisherigen Fütterung mit vermeintlich hochwertigem Trockenfutter stellte ich auf das empfohlene Nassfutter mit wertvollen Mineralien um und meine Hündin wurde innert vier Tagen gesund. Das Fell glänzte wieder, Akira bekam eine

wohl proportionierte Figur und die Lebensfreude kehrte zurück. Ich war so beeindruckt, dass ich begann, mich intensiv mit der artgerechten Fütterung zu beschäftigen. Und es interessierte mich, was in den üblichen Futtern enthalten ist. Seither biete ich gratis Ernährungsberatungen für Hunde- und Katzenhalter an.

August 2012

Inhalt

Vorwort

Liebe Leserin, Lieber Leser

Wir haben etwas Gemeinsam, auch wenn wir uns vielleicht nicht kennen. Beide haben wir uns dafür entschieden, ein Tier oder mehrere Tiere in unsere Familie aufzunehmen. Wir haben die Verantwortung für ihr Wohlergehen übernommen. Wir erziehen unsere Hunde und lassen uns von unseren Katzen erziehen. Wir stellen fest, dass uns unsere Tiere gut tun, wir sind glücklich mit ihnen und machen alles, damit es ihnen bei uns gut geht. Wirklich alles?

Gerade wenn es um die Ernährung geht, sind wir zu wenig darüber informiert, was wir unseren Tieren verfüttern. Wir werden ständig konfrontiert mit bunten Werbungen, die alle versprechen, dass sie nur das Beste für das Tier wollen. Wem sollen wir glauben bei der Fülle von Futtermitteln?

Mir ging es genauso und weil wir so viel gemeinsam haben, spreche ich dich mit dem vertrauten

DU an, ok? Ist mir allgemein sowieso sympathischer.

Hast du dich auch schon mal gefragt, warum dein Hund oder deine Katze allergisch auf Futter reagiert? Überhaupt Allergien hat? Sogar das empfohlene Futter vom Tierarzt ist nicht wirklich hilfreich? Was ist bloss mit deinem Tier los? Auch der Tierarzt ist ratlos und verschreibt dies und das. So oder ähnlich läuft es in der Regel ab. Du bist verzweifelt.

Warum habe ich dieses Buch geschrieben?

Während der Futterumstellung meiner Hündin auf artgerechtes Futter habe ich viel über Tierernährung gelesen. Besonders zwei Bücher haben mich sehr fasziniert und ich habe viel gelernt. Ich war erstaunt und teilweise entsetzt. Dabei kam mir die Idee, dass es ein Handbuch für jede Tierbesitzerin und jeden Tierbesitzer geben sollte, das klar und einfach die wichtigsten Informationen für eine artgerechte Fütterung enthält.

Ich möchte dir an dieser Stelle die folgenden Bücher wärmstens empfehlen:

Hunde würden länger leben, wenn.....
Eine Insiderin packt aus!
Dr. med. vet. Jutta Ziegler
ISBN 978-3-86882-234-2

Katzen würden Mäuse kaufen
Hans-Ulrich Grimm
ISBN 978-3-453-60097-3

Meine 4-beinige Freundin und ich danken den Autoren für die Bereicherung für unser Leben, die wir durch ihre Lektüre erhalten haben.

Natürlich habe ich auch eigene Erfahrungen in

dieses Buch einfließen lassen, sowie Erfahrungen von Freunden und Bekannten.

Mein Buch soll eine Hilfestellung sein im Dschungel der Futtermittel, der plausibel klingenden Werbung, der bunten Verpackungen, der ansprechenden Versprechungen.
Sei kritisch!

Wenn du mein Buch gelesen hast (und/oder die obgenannten Bücher), geht es dir sicher wie mir. Du wirst sehr nachdenklich, weisst dann aber, was dein Hund / deine Katze braucht, um gesund zu werden und zu bleiben und kannst selbst entscheiden, wie du mit diesem Wissen umgehst.

Mit artgerechter Ernährung haben Krankheiten keine Chance!

Dein Tier wird es dir danken!

Die artgerechte Ernährung für Hund und Katze

Hund und Katze
sind Fleischfresser!

Hund und Katze
verschlingen ihr Futter!

Das Gebiss von Hund und Katze
ist zum Festhalten,
Durchstechen und
Zerreißen/Zerschneiden der
Nahrung vorgesehen!

**Hund und Katze
haben einen kurzen Darm
und einen kleinen Magen.**

**Daher muss die optimale
Nahrung
konzentriert und
hochverdaulich sein,
so dass nur
wenig übrig bleibt,
denn der Körper ist darauf
spezialisiert,
hauptsächlich Protein zu
verarbeiten!**

Schon allein aus diesen

Gründen kann

Trockenfutter

KEINE

artgerechte

Ernährung sein und in den

meisten Nassfuttern ist leider

auch nicht das drin,

was drauf steht.

In Wahrheit nämlich durch-

schnittlich 80% Getreide!

Dr. med. vet. Jutta Ziegler schreibt dazu:

In den meisten Tierfuttern sind zuviel Kohlenhydrate und Abfälle aus verschiedenen Quellen (Schlachthöfe, Tierkörperbeseitigungsanlagen). Um diese Masse für die Tiere schmackhaft zu machen, werden künstlich hergestellte Geschmacksverstärker und Duftstoffe auf das Trockenfutter gesprüht oder dem Nassfutter beigegeben (deshalb essen z.B. Katzen am liebsten den Gelee oben auf dem Nassfutter). Die so bei der Verdauung entstehenden Abfallprodukte müssen aus dem Blut gefiltert werden, was den Nieren zusätzliche Arbeit bereitet.

Hund und Katze trinken im Allgemeinen wenig. Deshalb sollten sie die benötigte Flüssigkeit durch die Nahrung aufnehmen. Eine Ernährung mit Trockenfutter, die zu einer Verringerung des Flüssigkeitsumsatzes führt, kann die Urinmenge reduzieren und die Konzentration des Urins erhöhen. Beide Faktoren tragen zum Risiko der Harnsteinbildung bei und sind verantwortlich für Blasen- und

Nierenprobleme. Das kann ein wichtiger Risiko-
faktor für die Bildung von Harnsteinen bei Katzen
sein.

Kohlenhydrate im Tierfutter haben zudem die glei-
che Wirkung wie bei uns Menschen, wenn wir zu-
viel Kohlenhydrate zu uns nehmen: **Übergewicht!**
In der Folge: Herz-, Knochen- und Gelenkproble-
me. Haut- und Fellprobleme entstehen, wenn Nie-
ren und Leber es nicht mehr schaffen, alle Giftstof-
fe auszuscheiden, dann werden die Giftstoffe über
die Haut ausgeschieden.

<u>Nicht</u> artgerechte Ernährung belastet also den Körper unserer Tiere enorm:

- **Allergien** treten auf, die möglicherweise durch Gluten, aber auch durch chemische Zusatzstoffe, Pestizide oder Pilzgifte aus Getreiden ausgelöst werden.

- **Gelenksveränderungen**, wie z.B. HD (Hüftgelenksdysplasie ist eine Fehlentwicklung des Hüftgelenks) kann durch den hohen Anteil an Kohlenhydraten und zu schnelles Wachstum gefördert werden.

- Einige aggressive Krebsarten - an **Krebs** sterben inzwischen die meisten Hunde (USA 70%) – können durch die hohen Anteile an Stärke und Zucker gefördert werden.

- **Magendrehungen** treten gehäuft bei Hunden auf, die mit Trockenfutter ernährt werden.

- **Nierenprobleme**, vor allem bei älteren Hunden, treten gehäuft auf, bedingt durch latenten Wassermangel.

- **Zahnstein** tritt vor allem bei Hunden auf, die ständig Trockenfutter bekommen.

- Die **Zuckerkrankheit** (Diabetes) sowie **Bauchspeicheldrüsenerkrankungen** (Pankreas) werden durch den hohen Anteil an Stärke in den Futtern ausgelöst.

Was bedeutet was auf den Verpackungen

Die ersten fünf Bestandteile eines Futteretiketts sollte man sich genauer anschauen, denn sie bilden den Hauptanteil des Futters. Die Inhaltstoffe des Futters werden nach der Reihenfolge ihres Gewichts aufgelistet, d.h. die erstgenannte Zutat ist diejenige, die den größten Anteil im Futter einnimmt. Dies sollte unbedingt eine Fleischquelle sein, z.B. Hühnerfleisch, Lammfleisch, Rindfleisch. Nie aber undefiniertes „Fleisch" oder gar „tierische Nebenerzeugnisse". Grün-Bestandteil OK, Rot-Bestandteil gehört nicht ins Futter

Deklaration: 100% aus frischem Fleisch
Erklärung: Bedeutet nicht, dass das Futter zu 100% aus Fleisch besteht, sondern die enthaltene Menge an Fleisch ist frisch.

Deklaration: Fleisch und tierische Nebenerzeugnisse
Erklärung: Nur wenn der prozentuelle Anteil an

Fleisch konkret angegeben wird, ist nachvollziehbar, wie hoch der tatsächliche Fleischanteil ist.

In den tierischen Nebenprodukten können enthalten sein: Hirn, Lunge, Nieren, Blut, Knochen, Wolle, Hörner, Gewebe, Sehnen, Haut, Urin, Mägen, Därme, Drüsensekrete, Hormone aus Fruchtblasen. Dies von allen Tieren! Fleischmehl, Fischmehl, Hühnermehl etc., kein Fleisch.

Deklaration: 50% Fleisch und tierische Nebenerzeugnisse (mind. 20% Huhn)

Erklärung: Die Angabe 50% kann sich auf das Fleisch als auch auf die Nebenerzeugnisse beziehen und die 20% Huhn sagen lediglich aus, wie hoch die Anteile Huhn sind. Um welche Teile es sich vom Huhn handelt ist nicht erkennbar.

Deklaration: 70% Fleisch und tierische Nebenerzeugnisse (davon 65% Hühnerfleisch und 5% Leber)

Erklärung: Es ist eindeutig zu erkennen, wobei es sich bei dem Fleisch handelt, nämlich 65% Hühnerfleisch und die 5% Nebenerzeugnisse sind Leber.

Ist im Futter ein hoher Fleischanteil enthalten, wird es der Hersteller auf jeden Fall mit Vergnügen auf die Packung schreiben.

Deklaration: Hühnerfleisch, Lammfleisch, Truthahnfleisch etc.

Ist Fleisch, aber gewogen als Frischfleisch vor dem Trocknen. Wird das Wasser entzogen (ca. 70% des Gewichts) sinkt es auf der Inhaltsangabe kräftig nach unten. Es ist durchaus in Ordnung, dass Frischfleisch gelistet ist, jedoch sollte an erster Stelle das getrocknete Fleischmehl stehen.

Deklaration: Getrocknetes Hühnerfleisch bzw. Hühnerfleischmehl etc.

Das Fleisch nach dem Trocknen, sollte an erster Stelle stehen.

Hühnerfleischmehl vs Hühnermehl oder Tiermehl: im Hühnermehl ist alles, was mit Huhn zu tun hat ,mit Haut und Haar bzw. Feder' und die Quellen

für Tiermehl stammen oft aus Tierkörperbeseitigungsanlagen. Hühner<u>fleisch</u>mehl ist aus getrock-
netem Hühnerfleisch, also <u>hochwertig</u>.

Deklaration: Tierische Bestandteile

Fleisch, Fisch, Huhn, Lamm, Rind etc.

Fleisch kann eine Mischung aus verschiedenen
Sorten sein, es sei denn, die Sorte wird genannt. Es
kann Muskelfleisch, Zunge, Herz, Zwerchfell, Fett,
Haut sowie Venen enthalten - jedoch nur in den
Mengen, die normalerweise in diesen Teilen des
Fleisches enthalten sind.

Deklaration: Tierische Fette

Oft werden Abfallprodukte, wie altes Frittierfett,
als "wertvolles Fett" verarbeitet. Hier handelt es
sich um reinen Abfall im allerletzten Glied. Diese
Fette müssen erst dehydriert werden, um sie überhaupt noch zu Hunde- od. Katzenfutter verarbeiten
zu können. (Erhöhte Krebsgefahr sowie die Zunahme von Herzproblemen und Tumorbildung)

Das tollste biologische Olivenöl bringt einem

Fleischfresser nicht viel. Das Fett das vom Hund am besten und schnellsten aufgenommen wird ist Schweineschmalz/fett oder auch Butter. Rinderfett z.B. wird schlechter aufgenommen.

Deklaration: Tiermehl

Hier kann alles drin sein, ‚mit Haut und Haar' (also auch Halsbänder, Medikamente etc.) getrocknetes Tier jedweder Art, stammt oft aus Tierkörperbeseitigungsanlagen.

Deklaration: Pflanzliche Bestandteile

Pflanzliche Nebenprodukte. Hier werden alle Reste und Abfälle der Getreideverarbeitung verwendet: Erdnusshülsen, verdorbenes Getreide, Stroh, Nussschalen, Reste aus der Herstellung von Müsli (als Cerealien bezeichnet).

Deklaration: Rohfaser

Meist niedriger Wert. Mehr als 3% Rohfaser im Hundefutter deutet auf qualitativ minderwertige Rohstoffquellen hin. Oft Füllmittel in Diät- oder

Light-Produkten, z.B. Lignozellulose, Psyllium (Flohsamen).

Deklaration: Soja, Weizen, Mais

Sind laut wissenschaftlichen Untersuchungen die Hauptauslöser unterschiedlicher Allergien. Ins Futter kommen in den meisten Fällen höchstens die Abfallprodukte (Schale, Stumpf u. Stiel) dieser Getreidesorten. Maismehl ist der gemahlene ganze Maiskolben!

Deklaration: Mais-, Weizen-, Reisgluten

Klebriger, eiweißhaltiger Rest aus der industriellen Verarbeitung. Hält Giftstoffe im Körper fest, sodass diese nicht sofort auf natürliche Art ausgeschieden werden können, Darmbremse (verhindern Durchfall). Resultat ist eine Überfunktion von Nieren und Leber, da diese Stoffe ständig abgebaut werden müssen.

Deklaration: Maiskleber

Klebriger eiweißhaltiger Rest aus der industriellen

Verarbeitung. Enthält viel pflanzliches Eiweiß (Rückstände aus der Pflanzenölpressung, Raps, Soja), das aber für einen Fleischfresser kaum verwertbar ist. Das Maiskleberfutter verhindert Durchfall und hält dadurch unverwertbare Stoffe als Giftstoffe in Körper fest, was zu einer erheblichen Belastung für Nieren und Leber führt.

Deklaration: Weißer Reis

Es fehlen 75% seiner Nährstoffe.

Deklaration: Brauner Reis

Unpoliert, Vollkornreis.

Deklaration: Rübenschnitzel

Getrockneter Überrest von Zuckerrüben, Füllstoff, wird auch als Darmbremse eingesetzt.

Deklaration: Kochsalz, Zucker, Karamell

Salzgeschmack wird hauptsächlich zur besseren Akzeptanz des Futters zugefügt. Dies ist auch ein Grund, warum häufig Urin als "tierisches Nebenprodukt" genommen wird, auch dadurch entsteht ein Salzgeschmack, der Hersteller braucht Salz als Zusatzstoff nicht mehr aufzuführen, was im ersten Moment positiv aussieht. Industriezucker kann zusätzlich zu Karies auch Probleme an der Bauchspeicheldrüse sowie den Analdrüsen verursachen.

Deklaration: Grieben

Ein Abfall-Produkt aus der Talgproduktion der Tierkörperbeseitigungsanlagen. Aus Innereien wird das Fett ausgelassen.

Deklaration: Hydrolysat

Aus Krustentieren und Knorpel (Glucosamine und Chondroitine zur Festigung der Gelenke): Die Herstellung erinnert eher an Resteverwertung. So wird Glucosamin aus Shrimps, Garnelen und Krabbenschalen gewonnen. Chondroitin besteht überwiegend aus Haifischknorpel, aber auch aus Rinderlunge und Schweinsohren oder –schnauzen. Offen ist, ob Chondroitin und Glucosamin ernährungsphysiologisch überhaupt wirksam sind.

Deklaration: Digest

Eine Flüssigkeit, die von tierischen Geweben mit Hilfe von chemischer oder enzymatischer Hydrolyse hergestellt wird. Somit eine chemisch vorverdaute Nahrung.

Deklaration: Lignozellulose

Ligninreste (Lignin ist ein organischer Stoff, der in die pflanzlichen Zellwände eingelagert wird und der Verholzung dient) und verunreinigte Zellulose bestehend aus Holz, Jute oder Bambus (Füllmaterial).

Deklaration: Zusatzstoff Propylen glycol

Konservierungsstoff und "Süßstoff". In Europa besser bekannt als Frostschutzmittel! Äußerst gesundheitsschädlich!

Deklaration: Oligosacchariden (für eine optimale Verdauung?)

Ein Produkt das vor allem in der Schweinemast eingesetzt wird, so werden die Ferkel schneller fett

und schlachtreif! Aber nicht nur Ferkel! Oligosac-
charide sind Kohlenhydrate, die aus mehreren gleichen oder verschiedenen Einfachzuckern aufge-
baut sind.

Wie die Futtermittelindustrie funktioniert

Dieses Kapitel wäre für dieses Buch viel zu lang geworden, hätte ich alle interessanten Fakten aufgeschrieben.

Deshalb möchte ich das Buch

Katzen würden Mäuse kaufen
von Hans-Ulrich Grimm

empfehlen. Er war Korrespondent des Nachrichtenmagazins *Der Spiegel* und ist Autor zahlreicher Bestseller.

Die Rückseite seines Buches:
Glaubt man der Werbung, ist für unsere Tiere das Beste gerade gut genug. Die Realität sieht anders aus: Mit Aromen, Geschmacksverstärkern und dem Arsenal der Kunstnahrungshexenküche wird ein „leckeres" Menü für Waldi, Minka und Co. zubereitet. Neben Abfällen landen auch Klär-

schlamm, Bakterien und Pilze im Fressnapf unserer Lieblinge. Die Tiere leiden und werden krank. Und nicht nur sie, sondern durch den Verzehr von Nutztieren auch der Mensch. Schockierende Fakten, brillant recherchiert – Werbung und Wahrheit bei der Futtermittelproduktion.

„Tatsächlich ist das Buch für die Branche harter Tobak und Grimm nicht irgendwer. Seit Jahren nimmt er Ernährungsgewohnheiten und Lebensmittelproduktion publizistisch aufs Korn. Seine Bücher wurden Bestseller."
Handelsblatt

„Dieses Buch ist ein absolutes MUSS für alle verantwortungs- und ernährungsbewussten Tierfreunde!"
City Dog

„Wer wissen will, was die schönen Begriffe auf der Futterdose wirklich bedeuten, kommt um Grimms Buch nicht herum."

Hier einige Auszüge aus den ersten 30 Seiten:

- Das Tierfutter-Business blüht, der Trend geht zu immer luxuriöseren Produkten.
- Mit immer neuen Kreationen sollen Herrchen und Frauchen verführt werden. Das Geld sitzt bei ihnen offenbar locker.
- Vom Tier lebt eine ganze Branche, und sie lebt gut.
- Das Tier ist für viele Menschen zum Partner geworden, sie behandeln es wie einen Freund – oder gar wie einen Lebensgefährten.
- Sie wollen, dass es dem Tier gut geht. Sie geben für einen Sack Trockenfutter gern mehr aus als für ein Kilo Rinderbraten.
- Millionen werden für Reklame ausgegeben, damit die Leute bereitwillig in die Tasche greifen fürs wertvolle Tierfutter. Wenn sie wüssten, dass Müll in der Dose ist, dann würde womöglich die Kaufbereitschaft rapide schwinden.
- Die Tierfutterherstellung ist eine elegante und

vor allem eine einträgliche Lösung zur Verwertung der Abfälle.

- Eine Untersuchung der Stiftung Warentest 2006 fand neben Schimmelpilzgiften auch Gen-Soja, das nicht deklariert war. Vor allem Trockenprodukte sind offenbar anfällig für Schimmel. Aber trocken ist trendy. Doch das Trockenfutter ist bei Experten höchst umstritten. So enthält es nach Branchenangaben viermal soviel Kalorien wie Nassfutter, erhöht somit das Risiko für Übergewicht. Die Trockenpellets enthalten auch viele Kohlenhydrate, damit sie nicht zerbröseln. Aus Verarbeitungsgründen wird Trockenfutter auf Getreidebasis hergestellt. Die Stärke fungiert als eine Art Zement. Vierzig Prozent Kohlenhydratanteil sei aus technischen Gründen der Standard.

- Vitaminverluste können durch künstliche Nährstoffe ausgeglichen werden, was allerdings Glückssache ist, denn es ist schwierig, den Bedarf der Tiere zu treffen. Manchmal ist zu wenig drin, aber häufig zu viel.

- Damit es nicht so stinkt, gibt es Aromastoffe; dass es besser schmeckt und das Tier mehr verzehrt, Zucker und Süssstoffe.

- Eine besondere Herausforderung ist es offenbar, das Trockenfutter mit Geschmack zu versehen. Die Pellets der meisten Trockenfutter sind mit Geschmacksverstärkern beschichtet, wie z.B. mit tierischem Gewebe, Zucker und Sojasosse. Ausserdem verwenden die Futtermittelhersteller Blut und Mehl aus Vogelfedern, fleischhaltige Lösungen, pflanzliches Protein, Zwiebel- und Knoblauchpulver.

- Immer häufiger werden auch künstliche Aromastoffe eingesetzt, erkennbar am Aroma von Speck und Käse und dem Räucheraroma mancher Haustierfuttermittel und Leckerbissen.

Anm:

In der heutigen Zeit bleibt nichts unentdeckt. Der Mensch ist verantwortungsbewusst geworden und lässt sich kein X für ein U vormachen. Unseriöse Machenschaften werden aufgedeckt. Wir sind kritisch geworden und hinterfragen. Seien wir mal ehrlich, mit unserer eigenen Ernährung steht es auch nicht zum Besten (Buchtipp: „Die Suppe lügt nicht" von H.U. Grimm). Es beginnt ja schon beim Boden, der überdüngt ist. Die Nutztiere werden mit Kraftfutter und Wachstumshormonen voll gestopft, damit sie schneller wachsen und mehr Geld bringen. Diese „Cocktails" finden sich im Fleisch und in der Milch wieder. Guten Appetit!

Das Richtige für den Hund

Trockenfutter ist keine artgerechte Tierernährung! Warum?

Weil Trockenfutter zuerst quellen muss, stellt sich das Sättigungsgefühl nicht ein. Das Tier will mehr davon essen.

Weil der Hundedarm sehr kurz ist (nur 7 m) und der Hund nicht im Magen, sondern im Darm verdaut. Deshalb sollte nur leicht verdauliche Nahrung gefüttert werden.

Der Hund ist ein Schlingfresser. Er zerbeißt das Trockenfutter nicht, auch wenn sich das so anhört. Er verschlingt das trockene Zeug. Auch wenn es angefeuchtet wird, lösen sich die meisten Trocken-futter nicht auf.

Das verschlungene Trockenfutter sammelt sich im Magen, bildet einen Sack und wartet darauf, weiter transportiert zu werden. Nun trinken aber die meisten Hunde niemals eine solch große Menge, dass es reichen würde, die angesammelte Trockenmasse auszuschwemmen. Die Folge ist ein langer Verbleib im Magen, ein Gärungs- und Fäulnisprozess beginnt. Dieser belastet den Organismus des Tieres.

Durch das allgemein minderwertige Futter, das der Hund gar nicht verdauen und verwerten kann, wird die Darmflora zerstört.

Hunde sind, anders als Katzen, auch Aasfresser. Sie benötigen die Bakterien für eine intakte Darmflora. Ideal ist es deshalb, dem Hund ab und zu etwas vergammeltes Fleisch zu füttern, z.B. Pouletschenkel (natürlich roh, weil rohe Knochen nicht splittern!). 1-2 Tage angammeln lassen, d.h. in Plastik oder einem Behälter ausserhalb des Kühlschrankes stehen lassen und dann verfüttern. Grüner Pansen ist auch super. Stinkt für uns, für den Hund ist es lecker und hilfreich, gibt aber evtl. leichten Durchfall (bei Verstopfung daher ideal). Verwesendes Fleisch ist für den Hund basisch, was einer guten Verdauung dienlich ist.

Nach der Futterumstellung auf artgerechte Nahrung als Abwechslung 1-2x pro Woche etwa 500g zusätzlich sind Kalbsschwänze ideal für den Hund. Die Knorpel massieren das Zahnfleisch, er kann die Zähne gebrauchen und hat Beschäftigung. Pouletschenkel oder –flügel sind auch gut (natürlich roh, weil rohe Knochen nicht splittern!).

Das Schöne ist ja, dass kein Hund von artgerechter Ernährung übergewichtig wird. Da liegt es drin, ihm zusätzlich Frisches zu geben.

Bitte achte auch beim Kauf von Leckerli, Gudelis, Belohnungshappen oder wie du es nennen willst, darauf, dass kein Zucker oder ähnliches darin ist. Du wirst lange suchen müssen, um etwas Geeignetes zu finden. Ich weiß, wovon ich spreche. Auch sind die meisten Hundeknochen mit Pestiziden besprüht, um sie haltbar zu machen. Kauartikel aus dem Ausland werden in Salzsäure eingelegt, um die Fleischreste abzulösen. Igitt!

Selbstverständlich habe ich für meine Hündin das Richtige gefunden

www.praxis-menschundtier.com

Das Richtige
für die Katze

Dr. med. vet. Jutta Ziegler schreibt dazu:

Freilaufende Katzen haben die Möglichkeit, sich natürliche Nahrung zu beschaffen, lebende Beute. Diese enthält 65-75% Wasser. Die Katze ist ihren Vorfahren ähnlicher als der Hund dem Wolf. Sie ist ursprünglich ein Wüstentier und trinkt wenig. Katzen können mit natürlicher Nahrung für längere Zeit ohne Wasser leben, aber sie dehydrieren, wenn der Wassergehalt unter 63% liegt. Der Wassergehalt kommerzieller Katzenfuttersorten liegt zwischen 8% bei Trockenfutter und bis zu 75% bei Dosenfutter.

Da ist ja alles drin, was Hund und Katze brauchen ist der verhängnisvollste Irrglaube, den die Futtermittelindustrie uns weismachen will! Nach offi-

41

zieller Meinung der Fertigfutterindustrie und der meisten Tierärzte beschränkt sich der Bedarf unserer Haustiere auf bestimmte Prozentzahlen an Eiweiß, Fetten, Rohfasern und soundsoviel „internationalen Einheiten" an künstlich erzeugten Vitaminen und Mineralstoffen. Chemisch im Labor zusammengemixt, ergibt sich somit ein reines Kunstprodukt der Industrie. Und damit unsere armen Vierbeiner diese tote Pansche auch fressen, werden ordentlich Geschmacksverstärker (auch künstlich hergestellt!) zugesetzt und mit Konservierungsstoffen versiegelt, damit das Ganze nicht verdirbt. Für jedes Lebensalter, für jede Rasse, für jede Disposition gibt es spezielle Varianten – doch sind diese nur minimal unterschiedlich in der Zusammensetzung, vom Prinzip her sind alle gleich.

Warum bekommt eine Katze Struvitsteine (Blasensteine)?

Katzentrockenfutter besteht zu einem großen Anteil aus Getreide (bis zu 80%). Der Rest sind meist minderwertige Eiweiße, die mit Zusatzstoffen auf-

gepeppt werden. **Die Katze ist jedoch nun einmal ein reiner Fleischfresser und ihre Nahrung sollte zumindest 93% aus hochwertigem Eiweiß tierischen Ursprungs bestehen.** (Anm.: das ist nur bei Fütterung mit Frischfleisch möglich. Das ist in einem herkömmlichen Industriefutter so gut wie nicht zu bekommen. Das beste Futter, das ich kenne, hat einen reinen Frischfleischanteil von 66%. Weitere Angaben dazu weiter unten.). *Getreide hat in artgerechtem Futter für Katzen fast nichts zu suchen, außer das vergleichbar Wenige, was sich noch an Getreidekörnchen in einem Mäusemagen befindet, den glücklichere Katzen mit Freigang auf dem Land samt dazugehöriger Maus verspeisen dürfen.*

Der Katzendarm ist so konzipiert, dass er sich überhaupt nicht zur Verdauung von Getreide eignet. Der Darm ist sehr kurz und damit nicht in der Lage, Kohlenhydrate (Getreide) aufzuspalten und zu verwerten. Somit kann kein Trockenfutter den Bedarf einer Katze an hochwertigem Eiweiß erfül-

len. Um bei Trockenfutternahrung ausreichend Flüssigkeit zu erhalten, müsste die Katze analog zur gefressenen Menge an Trockenfutter die dreifache Menge an Wasser trinken. Das tut sie aber nicht – Katzen trinken in der Regel nur wenig. Um nun den Flüssigkeitsverlust durch das Trockenfutter zu kompensieren, konzentriert der Katzenorganismus den Harn stärker und die Blase wird weniger oft geleert. Das Ergebnis dieser Konzentration an Harn durch den viel zu hohen Anteil an Getreide im Trockenfutter führt schließlich zur Bildung von Struvitsteinen.

Die nächste Stufe der Erkrankungen sind Nierenerkrankungen. Eine weitere Folge falscher Ernährung. Egal, ob Diättrockenfutter oder normales Trockenfutter: Der Getreideanteil ist bei beiden zu hoch. Dieses kann von den Nieren nicht verarbeitet werden und führt zu deren Dauerüberlastung.

Die Frage stellt sich: warum verordnen die meisten Tierärzte bei diesen Beschwerden eiweißredu-

ziertes Futter? Das ist so, als dürfe eine Kuh kein Heu und Gras mehr fressen, obwohl dies ihre natürliche Hauptnahrungsquelle ist.

Nierenerkrankungen kann nicht mit reduziertem Eiweiß im Futter begegnet werden. Ganz im Gegenteil: Das Wichtigste für gesunde wie auch nierenkranke Katzen ist, ihnen hochwertiges Eiweiß anzubieten, das in optimaler Form nur in rohem Fleisch vorhanden ist. Herkömmliches Fertigfutter inklusiv aller Diätfuttermittel werden, abgesehen davon, dass der Eiweißgehalt viel zu niedrig ist, meist nicht aus Fleisch, sondern aus Abfallprodukten hergestellt. Außerdem werden auch noch pflanzliche Eiweiße verwendet, die von Katzen gar nicht oder nur sehr schlecht verwertet werden können. Der auf den Dosen und Verpackungen deklarierte Eiweißgehalt sagt also nichts über die Qualität des Eiweißes aus (übrigens hat Hühnerkot einen hohen Eiweissgehalt.....). Und hinzu kommt dann noch das Nierenbelastende Getreide. Ein wahrer Giftcocktail für Katzen, die von Natur aus

reine Fleischfresser sind und so aktiv krank ge-
macht werden! Damit lässt sich auch schlüssig
erklären, weshalb die Häufigkeit nieren- und bla-
senkranker Katzen in den letzten Jahren so stark
zugenommen hat. Je mehr Fertig- und Diätfutter
verwendet wird, desto häufiger treten diese Krank-
heiten auf. Katzen hingegen, die kein oder nur we-
nig Fertigfutter und dafür viel frisches Fleisch
bekommen, neigen kaum zu Blasen- und Nieren-
problemen.

Ideal ist es, der Katze hin und wieder etwas Inne-
reien (Nieren, Leber, Hühnerherzen, Rindsher-
zen etc.) oder auch Frischfleisch zu füttern.

Anm:

Es gibt eine kleine Firma, die sehr reines, lebens-
mitteltaugliches Futter herstellt. In diesem Futter
ist 66% richtiges Fleisch. Die verwendeten tierischen Nebenprodukte sind Herz, Leber, Niere,
Pansen, Zunge, Euter und **keine Schlachtabfälle**.
Das Futter ist frei von Füll-, Lock-, Farb- und
Konservierungsstoffen. Das Fleisch wird kalt und
roh abgefüllt und anschliessend schonend gegart,
sodass alle Nährstoffe erhalten bleiben. Ausserdem
sind die zugefügten Mineralien ausgewogen, d.h.
gleiches Verhältnis der Mineralien wie im Fruchtwasser: 53 aktivierende, 53 regulierende Mineralien. Das ist für Menschen und für Tiere wichtig
und nötig. Sind einseitig zu viele oder zu wenige
vorhanden, kann es zu Stoffwechselstörungen
kommen (in den meisten anderen Futtern ist der
Mineralienanteil unausgewogen). Dieses Futter,
vor allem das Nassfutter, ist eine wirklich gute
Alternative zu rohem Fleisch (barfen) oder kann
mit diesem kombiniert werden.

Weitere Informationen:

www.praxis-menschundtier.com

Natürlich kann hochwertiges Futter nicht gleich billig sein wie das aus dem Supermarkt. Aber es ist nicht teurer als die mit Hochglanz beworbenen, meist minderwertigen, Premium-Futter. Und denke, wenn es um Preise geht, auch gleich an die hohen Kosten für Tierarztrechnungen, die du bereits bezahlt hast oder die du sparen kannst, weil dein Tier keinen Tierarzt braucht. Weil es nämlich nicht krank wird, wenn du es artgerecht ernährst!

Zum Thema Tierarzt/Tierärztin

Dr. med. vet. Jutta Ziegler schreibt dazu:

Keinesfalls möchte ich die vorhandenen Idealisten unter den Tierärzten angreifen. Aber ich greife jene Kolleginnen und Kollegen an, die die Tierliebe ihrer Klienten skrupellos ausnutzen und ihnen mit übelster Angstmacherei mitspielen, um dann mit den Tieren alles nur Erdenkliche anzustellen, und sei es noch so verkehrt oder überflüssig.

Ähnlich wie in der Humanmedizin wird mit der Angst, der Unkenntnis und dem schlechten Gewissen des Tierhalters gearbeitet („Wenn Sie dies und das nicht tun, kann dies und jenes passieren" bzw. „Warum haben Sie nicht dies oder das getan?"). In der Folge dienen diese fast drohenden Argumentationen dazu, unnötige Behandlungen, Impfungen und Medikationen durchzudrücken. Viele Haustiere werden durch diese Vorgehensweise geradezu systematisch erst zu Patienten gemacht, indem Krankheitsbilder erweitert oder so lange umgedeutet werden, bis aus einem eigentlich ge-

sunden Hund oder einer gesunden Katze ein krankes, zumindest aber ein behandlungsbedürftiges Tier wird. Und der Tierhalter, verängstigt und verunsichert, glaubt natürlich, was der „Halbgott in Weiß" zu verkünden hat.

Tierärzte treiben durch falsche Informationen, die vor allem die Ernährung unserer Hunde und Katzen, das viel zu häufige Impfen, die übermäßige Verwendung von Antibiotika und zu vieler chemischer Medikamente generell betreffen, unsere Patienten geradezu in chronische Erkrankungen hinein. Die Zunahme von Diabetes, Epilepsie, Bauchspeicheldrüsenentzündungen, Leber- und Nierenerkrankungen, Allergien uvm. sind von uns Tierärzten größtenteils hausgemacht! Natürlich spielen auch Überzüchtungen vieler Hunde- und Katzenrassen eine nicht unerhebliche Rolle. Diese verursachen chronische Gebrechen und Krankheitsvorkommen, die vor dreißig Jahren noch gar nicht oder nur in Ausnahmefällen auftraten.

Wurden unsere Hunde und Katzen früher, vor zwanzig oder dreißig Jahren krank, hatten sie meist schon ein hohes Alter erreicht und starben dann auch bald. Heute erhalten unsere Haustiere viele, meist unnötige Medikamente, um überhaupt ein Alter von 12 oder mehr Jahren zu erleben. Und wie viele arme Hunde und Katzen unter Dauermedikation dahinsiechen, lässt sich kaum in Zahlen fassen.

Etwa 80 – 85% der Hunde leiden mehr oder weniger chronisch an Fettsucht, Leberschäden, Stoffwechselerkrankungen, vielfältigen Magen-Darm-Beschwerden, der Schwächung des Immunsystems, Allergien, Krebserkrankungen, Infektionen und unterschiedlichsten Erkrankungen des Skelettsystems. *Krebserkrankungen führen übrigens die Statistik der Sterblichkeitsrate mittlerweile deutlich an.*

Dieses Buch soll Sie, liebe Leserin und lieber Leser, wachrütteln!!!!

Anm: es wäre so einfach, all diese Krankheiten zu verhindern, wenn Hunde und Katzen artgerecht ernährt würden.

www.praxis-menschundtier.com

Wertvolle Tipps und Informationen

- Frische Pansen sind gesund und das beste Mittel, um die Verdauungsorgane zu reinigen (lösen evtl. Durchfall aus, also ein natürliches Mittel bei Verstopfung).

- Leistungshunde brauchen individuelle Fütterung (je nach Körpergrösse 2 TL bis 2 EL 2x pro Woche Schweinefett unter das Futter mischen).

- Die Deklarationen auf den Tierfutterpackungen sind zu wenig klar. Wenige und klare Beschreibungen der Inhaltsstoffe sind besser als viel Text und dieser ist weitgehend unklar.

- Katzentrockenfutter ist konzentrierter, deshalb fressen es die Katzen lieber. Weil sie aber zu wenig trinken – niemals Trockenfutter für Katzen!

- Wenn sich das Fell von weißen Hunden rötlich verfärbt, sind sie übersäuert (falsches Futter).

- Zuckerrüben und Maiskleber (wie Maizena) sind Darmbremsen. Meist im Futter von herkömmlichen Futtermitteln (die mit der bunten Werbung).

- Darmbakterien, die dem Hund fehlen, will er aufnehmen, indem er Kot frisst. Das ist grundsätzlich nicht tragisch. Wenn er seinen eigenen Kot frisst, ist etwas nicht in Ordnung. Da hilft nur artgerechte Ernährung.
- Pferde werden auch chemisch entwurmt, deshalb Pferdemist lieber nicht fressen lassen. Grundsätzlich ist Pferdemist aber nicht gefährlich für Hunde. In der Regel fressen die Hunde von sich aus schon gar nicht jeden Mist.
- Manche Hunde fressen Giftpflanzen zum entwurmen. Das ist ok.
- Zahnstein kommt von falscher Ernährung (meist Trockenfutter).
- Salzaufnahme erfolgt in der Wildnis durch das Blut der erlegten Tiere, deshalb kann man 1x pro Woche Blutwurst geben, auch ein kleines Stück Käse (20g 1-2x pro Woche) oder einfach 1 Prise Salz 2x wöchentlich über das Futter streuen.

- Senioren: 3 x mit Nassfutter füttern.
- Hunde haben ständig Hunger, wenn sie mit nicht artgerechtem Futter ernährt werden.
- Die meisten Katzen essen nichts ohne Lockstoff. Weil das herkömmliche Futter sonst ungenießbar wäre, wird es mit Duft- und Lockstoffen geniessbar gemacht. Die Katzen stehen total darauf. Katzen sind Frischfleischesser, sehr wählerisch. Deshalb ist in den meisten Katzenfuttern eine geballte Ladung chemisch hergestellter Duftstoffe. In den Soßen (Gelee) ist der meiste Lockstoff.
- Hund produziert Taurin (wichtig für das Immunsystem, Muskeln, Gehirn, Herz) selber, zuviel scheidet er aus. Deshalb ist für ihn Katzenfutter kein Problem.
- Katzen brauchen Taurin, weil sie es selber nicht produzieren. Deshalb ist Hundefutter für Katzen schädlich (weil ohne Taurin).
- Das mineralische Gleichgewicht (gleiches Verhältnis der Mineralien wie im Fruchtwasser): 53 aktivierende, 53 regulierende Mineralien sind

für Menschen und Tiere nötig. Sind einseitig zu viele oder zu wenige vorhanden, kommt es zu Stoffwechselstörungen. Es gibt einen Futterhersteller, der darauf achtet (siehe www.praxis-menschundtier.com).

- Die leere Futterkonserve kann man auswaschen und den Inhalt in das Trinkwasser des Hundes leeren. Gerne trinkt er/sie so mehr als sonst.

- Es langt auch, etwas Nassfutter ins Trinkwasser zu geben und schon wird es attraktiver für den Hund.

- Hunde, die übermässig viel trinken, haben evtl. Magenbrennen (mögliche Ursache: Trockenfutter, Leckerli).

- Bei Durchfall: Kartoffelbrei (ohne Milch) macht den Kot kompakt. Besser als Reis, der nur stopft.

- In den bunt beworbenen Futtermitteln ist meist gar kein richtiges Fleisch drin. Tierisches Eiweiß sagt gar nichts aus. Oft hat es Zuckerrüben und Maiskleber drin, um Durchfall zu verhindern, den die Tiere sonst von dem Futter kriegen würden. Tragisch, nicht?

- Schnecken machen einen Bogen um die Kothaufen von Hunden, die mit den bunt beworbenen Futtermitteln ernährt werden. Diese Hundehaufen liegen ewig lange, werden vom Boden nicht aufgenommen. Artgerechte Hundehaufen zerfallen innert kurzer Zeit, weil die Bestandteile organisch sind. Ich appelliere aber an dieser Stelle an alle Hundebesitzer. Nehmt den Kot eures Vierbeiners IMMER auf und entsorgt ihn in dafür vorgesehene Robidog oder Abfallkübel. Das ist Ehrensache!!!

- Hunde, die nicht artgerecht ernährt werden, scheiden enorm viel Kot aus. Ein Zeichen, dass der Körper das Futter gar nicht verwerten kann.

- Geschirr, in dem Katzen- und Hundefutter aufbewahrt wird, nur mit heißem Wasser auswaschen. Gerade Katzen würde evtl. das Futter verweigern, wenn sie Abwaschmittel riechen.

- Lieber keine Metallnäpfe verwenden. Dein Tier könnte allergisch reagieren.

- Wenn Hunde im Winter viel Schnee essen, sollte man ihnen vor dem Spaziergang etwas Butter geben. So vermeidet man Durchfall.

- Ideal ist es, dem Hund ab und zu etwas angegangenes Fleisch zu füttern, z.B. Pouletschenkel 1-2 Tage angammeln lassen und dann füttern. Verwesendes Fleisch ist für den Hund basisch, was einer guten Verdauung dienlich ist.

- Hunde und Katzen müssen nicht regelmäßig immer zur gleichen Zeit gefüttert werden. In der Wildnis läuft auch nicht jeden Tag um 18.00h eine Maus vorbei oder ein Hase.

- Auch hat dein Vierbeiner nicht jeden Tag den gleichen Appetit. Obwohl – seit ich ihr Nassfutter gebe, isst meine Hündin jede Mahlzeit mit großem Vergnügen. Trockenfutter hat sie früher auch schon mal stehen gelassen.

- Wenn du deinem Hund zusätzlich etwas Gutes zukommen lassen möchtest, gib ihm nach der Umstellung auf artgerechte Ernährung ins Futter:

- 2-3 x pro Woche gekochtes Gemüse (nichts Blähendes)

- Wenn dein Hund Gemüse mag, darf er gerne auch etwas rohe Gurke, Zucchetti, Tomate, Rüebli etc. (auch hier nichts Blähendes!) essen

- 1 x pro Woche etwas Butter (je nach Grösse des Hundes ½ Mokkalöffel bis ½ EL)

- 1-2 x pro Woche 1 Prise Himalayasalz (normales Salz ist auch i.O.)

- 1 x pro Woche etwas Hefe (1/4 eines 25g Würfels)

- 1 x pro Woche etwas Quark, Hüttenkäse oder Joghurt

- 1 x pro Woche ca. 500 g Kalbsschwanz vom Metzger in kleine Stücke geschnitten (Knorpel und Fleisch, mmhh – lecker!!!). Bitte keine Suppenknochen, davon wird der Kot steinhart (schmerzhaft) und nichts vom Schwein füttern (Schweine sind Überträger von Morbus Aujeszky, einem Virus, der nicht bekämpft werden kann. Hunde und Katzen können nach dem Verzehr von rohem Schweinefleisch erkranken und sterben innerhalb weniger Tage, es gibt kein Mittel dagegen. Die Symptome sind ähnlich wie bei Tollwut)

- Es darf auch ruhig etwas Käse (ohne Rinde), z.B. Parmesanreste, gelegentlich über das Futter gestreut werden
- Wenn dein Hund vom Kartoffelacker mal eine rohe Kartoffel frisst, kein Problem, jedoch sollten es nicht zu viele sein und nicht regelmässig
- Wenig Obst füttern, das könnte Durchfall geben
- Lass deinen Hund Gras fressen, er braucht es zur Verdauung, damit es hinten oder vorne herauskommen kann. Dein Hund frisst auch nicht einfach nur Gras, sondern sucht sich die Gräser aus, die ihm helfen.

Es ist mir ein Anliegen zu erwähnen, dass auch Tiere unterschiedliche Stoffwechsel haben. Das bedeutet, dass nicht für jeden Hund und jede Katze das Gleiche gut ist und sie auf die gleiche Nahrung unterschiedlich reagieren können.

Deshalb ist eine Ernährungsberatung hilfreich und wichtig. Und deshalb biete ich diese auch kostenlos an.

www.praxis-menschundtier.com

Antworten auf Fragen und Probleme

Mein Hund frisst auf dem Spaziergang alles zusammen

Wird er mit Trockenfutter ernährt oder minderwertigem Nassfutter fehlen ihm wertvolle Mineralien. Zudem hat er einfach immer Hunger, weil seine Nahrung nicht das bietet, was er für seinen Körper benötigt. Wahrscheinlich hat er auch noch Übergewicht.

Mein Hund ist zu dick, was soll ich tun?
Diätfutter vom Arzt hilft nicht.

Hochwertiges Nassfutter ist hier angesagt. Von artgerechter Ernährung und Frischfleisch nimmt kein Hund zu, im Gegenteil, die meisten Hunde verlieren bei einer Futterumstellung auf artgerechte Ernährung Gewicht.

Mein Hund ist untergewichtig, er nimmt nicht zu

Es macht Sinn, ein zu mageres Tier mehrmals täglich zu füttern

- erhöhter Kohlenhydrat- und Fettbedarf
- Haferschleim (überbrühte Haferflocken)
- fettes Fleisch
- Butter
- Schweinefett /-schmalz (ist für den Hund am besten verträglich!)
- Pansen grün, Blättermagen grün
- Fisch und Fischöl (bitte keine pflanzlichen Öle!)
- Pansenmehl

wenn man Butter oder Schweinefett/-schmalz zufügt, die Menge langsam steigern, sonst kann es Durchfall geben! Selbstverständlich kann man den Kohlenhydrat-Verbrauch auch mit Resten von Teigwaren, Kartoffeln, Vollreis, Polenta oder Hirsebrei ausgleichen.

Haferschleim-Rezept

Bio-Hafer frisch quetschen. Wenn keine Getreidemühle inkl. Quetsche zur Verfügung steht, Bio-Hafer-Flöckli kaufen! Diese mit kochendem Wasser übergießen, ein Stück Butter und eine Prise Himalayasalz dazugeben, ca. 15 Min. zugedeckt quellen lassen. Umrühren und fertig!! Nun kann man den frischen Haferschleim unter das Nassfutter mischen. Hafer ist zudem gut für das Herz.

Mein Hund stinkt fürchterlich aus dem Maul.

Das Fell meines Hundes riecht unangenehm.

Mein Hund hat schon in jungen Jahren Zahnstein.

Mein Hund kratzt sich ständig, einige Stellen sind schon wund.

Das Fell meines Hundes ist trocken und schuppig.

Mein Hund verliert übermäßig viele Haare.

Wenn wir unseren Körper über einen langen Zeitraum schlecht behandeln, brauchen wir uns über eine entsprechend schlechte Gesundheit nicht zu wundern. Genau so geht es unseren Haustieren, wenn sie über längere Zeit mit konventioneller Tiernahrung ernährt wurden. Zur schlechten Ernährung zählt beispielsweise der Verzehr stark verarbeiteter Futtermittel, in denen Getreide-Nebenerzeugnisse, minderwertiges Getreide, tierische Abfallprodukte und minderwertige Öle enthalten sind, sowie viel zu große Mengen gekochter und denaturierter Nahrung. Die Einnahme von chemisch hergestellten Medikamenten zählt ebenso dazu.

Darüber hinaus sind viele Futtermittel stark mit Pestiziden belastet, um sie haltbar zu machen. Vollkommen unterschätzt wird auch die Gefahr, die von den Unmengen chemischer Stoffe in sogenannten Marken- u. Premiumfuttersorten ausgehen. Nicht zu vergessen die Gifte, denen auch unsere Haustiere tagtäglich durch die enorme Umweltbelastung ausgesetzt sind. Dennoch ist der Körper in der Lage, die Giftbelastung über einen sehr langen Zeitraum - teilweise viele Jahre - zu kompensieren. Ein Zuviel an alten Stoffwechselschlacken und Säuren wird zuerst über die Nieren und wenn die überlastet sind, über die Haut ausgeschieden (äussert sich durch Juckreiz, gespannte Haut, Fellveränderung). Eine Übersäuerung des Körpers zeigt sich auch durch lästigen Körpergeruch und/oder das fettige Fell und sogar durch Zahnstein.

Lösung der Probleme:

www.praxis-menschundtier.com

Braucht es für Welpen spezielles Futter?

Wie sieht das denn in der Wildnis aus? Gibt es Beutetiere, die mit Welpenhase, Welpenreh etc. gekennzeichnet sind? Spezielles Welpenfutter ist eine Erfindung der Futtermittelindustrie und auch insofern sinnvoll, weil künstlich hergestellte Proteine beigefügt werden. Für Welpen braucht es eine andere Zusammensetzung dieser künstlichen Stoffe.

Die Erfahrung zeigt, dass die Welpen durch die Milch der Mutter schon gut ernährt werden, wenn die Mutter artgerecht ernährt wird. Danach für Welpen aller Rassen hochwertiges Nassfutter, frische Knochen und Pouletflügel und -schenkel (ROH! Weil rohe Knochen nicht splittern). Fleisch hat einfach NATÜRLICHE Proteine, gut für alle Fleischfresser, auch für Welpen!

Ein spannender Nebeneffekt: die Welpen haben gar keine Würmer, müssen deshalb auch nicht entwurmt werden, was ihr Immunsystem extrem schwächen würde.

Weitere wichtige Themen

Die schlimmen Nebenwirkungen von Impfungen, Entwurmungen und Fehlernährung beschreibt Dr. med. vet. Jutta Ziegler in ihrem Buch

Hunde würden länger leben, wenn....

sehr eindrücklich anhand von Fällen aus ihrer Praxis.

Dieses Buch sollte für jeden Tierhalter, dem das Wohl seines Tieres am Herzen liegt, Pflichtlektüre sein, sowie das Buch von Hans-Ulrich Grimm

Katzen würden Mäuse kaufen

Zu guter Letzt

Wenn du Fragen hast, scheu dich nicht, mich zu kontaktieren. Gemeinsam werden wir das Richtige für deinen Hund / deine Katze finden, um die Lebensqualität deines Tieres zu optimieren.

Die Ernährungsberatung ist gratis!

menschundtier@gmx.net

0041 (0)31 901 02 14

0041 (0)79 771 95 03

www.praxis-menschundtier.com

Eine Krankheit kann viele Väter haben, aber die Mutter jeder Krankheit ist eine falsche Ernährung.

Chinesisches Sprichwort